RECONHECENDO OPORTUNIDADES PARA AUMENTAR O SEU FLUXO DE CAIXA.

RECONHECENDO OPORTUNIDADES PARA AUMENTAR O SEU FLUXO DE CAIXA

Por: D.K. Hawkins
Versão 1.1 ~Novembro 2022
Publicado por D.K. Hawkins no KDP
Copyright ©2022 por D.K. Hawkins. Todos os direitos reservados.

Nenhuma parte desta publicação pode ser reproduzida, distribuída ou transmitida sob qualquer forma ou por qualquer meio, incluindo fotocópia, gravação ou outros métodos electrónicos ou mecânicos, ou por qualquer sistema de armazenamento ou recuperação de informação sem a prévia autorização escrita dos editores, excepto no caso de citações muito breves incorporadas em revisões críticas e certos outros usos não comerciais permitidos pela lei de direitos de autor.

Todos os direitos reservados, incluindo o direito de reprodução no todo ou em parte, sob qualquer forma.

Todas as informações contidas neste livro foram cuidadosamente pesquisadas e verificadas quanto à sua exactidão factual. Contudo, o autor e a editora não dão qualquer garantia, expressa ou implícita, de que a informação aqui contida é apropriada para cada indivíduo, situação ou propósito e não assumem qualquer responsabilidade por erros ou omissões.

O leitor assume o risco e total responsabilidade por todas as acções. O autor não será considerado responsável por qualquer perda ou dano, seja consequente, incidental, especial ou não, que possa resultar da informação apresentada neste livro.

Todas as imagens são gratuitas para utilização ou adquiridas em sítios de fotografia de stock ou livres de royalties para utilização comercial. Confiei nas minhas próprias observações bem como em muitas fontes diferentes para este livro, e fiz o meu melhor para verificar os factos e dar crédito onde é devido. No caso de qualquer material ser utilizado sem a devida permissão, por favor contacte-me para que a omissão possa ser corrigida.

A informação fornecida neste livro é apenas para fins informativos e não pretende ser uma fonte de aconselhamento ou análise de crédito no que respeita ao material apresentado. As informações e/ou documentos contidos neste livro não constituem aconselhamento jurídico ou financeiro e nunca devem ser utilizados sem primeiro consultar um profissional financeiro para determinar o que pode ser melhor para as suas necessidades individuais.

A editora e o autor não fazem qualquer garantia ou outra promessa quanto a quaisquer resultados que possam ser obtidos com a utilização do conteúdo deste livro. Nunca deverá tomar qualquer decisão de investimento sem primeiro consultar o seu próprio consultor financeiro e realizar as suas próprias pesquisas e diligências. Na medida máxima permitida por lei, a editora e o autor declaram toda e qualquer responsabilidade no caso de quaisquer informações, comentários, análises, opiniões, conselhos e/ou recomendações contidas neste livro se revelarem inexactas, incompletas, ou não fiáveis ou resultarem em qualquer investimento ou outras perdas.

O conteúdo contido ou disponibilizado através deste livro não se destina e não constitui aconselhamento jurídico ou de investimento, e não é formada qualquer relação advogado-cliente. A editora e o autor fornecem este livro e o seu conteúdo numa base de "tal como está". A sua utilização das informações contidas neste livro é por sua conta e risco.

ÍNDICE.

ÍNDICE. 4
INTRODUÇÃO. 6
CAPÍTULO 1: O QUE O SEU FLUXO DE CAIXA IMPLICA. 9
CAPÍTULO 2: O FLUXO DE CAIXA É UMA COMPONENTE ESSENCIAL PARA GANHAR, GERIR E INVESTIR DINHEIRO. 15
CAPÍTULO 3: PERGUNTAS A RESPONDER PARA DETERMINAR UM FLUXO DE CAIXA SUFICIENTE. 28
CAPÍTULO 4: FORMAS RÁPIDAS DE AUMENTAR O FLUXO DE CAIXA. 33
    1. Marketing de afiliação. 33
    2. Investimento Imobiliário. 36
    3. Financiador com base em activos. 39
    4. Sítio de sócios. 43
    5. Vender Coaching. 47
    6. Trabalho em rede através de inquéritos pagos. 50
    7. Rendimentos da Amazónia. 53
    8. Produtos Sazonais de Dropshipping. 57
    9. Negociação Forex. 62
    10. Formação Verde. 64
    11. Outsourcing. 67
    12. Escrever Postagens de Blogs Patrocinados. 70
    13. Programa de Treino Online. 73

14. Marketing online. 75

CAPÍTULO 5: COMO GANHAR $5.000 POR HORA E AUMENTAR O SEU FLUXO DE CAIXA. 79

CAPÍTULO 6: TRANSFORMAR FLUXO DE CAIXA NEGATIVO EM FLUXO DE CAIXA POSITIVO. 88

CAPÍTULO 7: RESOLUÇÕES PARA MELHORAR IMEDIATAMENTE O SEU FLUXO DE CAIXA. 92

CAPÍTULO 8: EVITAR ERROS COMUNS DE GESTÃO DO FLUXO DE CAIXA. 103

CONCLUSÃO. 110

INTRODUÇÃO.

O seu fluxo de caixa é o rácio entre as receitas de entrada e as despesas de saída durante um período especificado. É habitual calcular o seu fluxo de caixa todos os meses, uma vez que a maioria das despesas recorrentes ocorre mensalmente. Compreender o seu fluxo de caixa é indispensável para a sua saúde financeira.

Para determinar o seu fluxo de caixa, irá comparar a sua entrada regular de caixa (receitas) com a sua saída normal de caixa (despesas) (despesas). É essencial contabilizar apenas os seus rendimentos e custos estáveis, uma vez que "enviesar" os números incluindo receitas ou despesas únicas é equivalente a enganar-se a si próprio.

A principal fonte de rendimento para a maioria dos indivíduos é o seu emprego. Ainda assim, se receber rendimentos regulares de outras fontes, tais como anuidades, rendas, ou benefícios governamentais, estes também devem ser abordados.

As suas despesas devem incluir os seus bens essenciais, tais como habitação, transporte, e serviços públicos, e as suas despesas discricionárias regulares. Esta é uma despesa recorrente, mas pode ser inteiramente voluntária se levar a sua família a um grande jantar todas as semanas.

Para obter uma estimativa da sua condição, basta subtrair a sua saída mensal da sua entrada mensal de dinheiro. O seu fluxo de caixa será negativo se gastar mais do que ganha. Isto resultará em dívidas, a menos que limite as suas despesas. O seu fluxo de caixa será positivo se ganhar mais do que gasta. Quanto maior for o seu rendimento em relação às suas despesas, maior será a sua estabilidade financeira.

Apesar de ser um processo básico, a maioria das pessoas raramente demora o tempo necessário para escrever as suas finanças. Mesmo que tenha uma compreensão rudimentar do seu estado financeiro, esta abordagem pode ser bastante benéfica. Ver os números no papel pode convencê-lo a reduzir os seus hábitos de despesa ou adoptar uma estratégia para investir o seu rendimento excessivo.

Olhar para as suas finanças desta forma é um procedimento bastante simples. Deverá manter um controlo apertado do seu fluxo de caixa e controlar tanto as subidas como as descidas de despesas e receitas, independentemente da sua situação financeira. Este livro fornece uma análise mais aprofundada da sua situação financeira e formas estratégicas de reconhecer cada oportunidade para aumentar o seu fluxo de caixa.

Vamos começar.

CAPÍTULO 1: O QUE O SEU FLUXO DE CAIXA IMPLICA.

Independentemente da perspectiva, se quiser expandir a sua riqueza, deve melhorar o seu fluxo de caixa. Mas como é que pode realizar isto quando tem um emprego, uma família, e muitas outras responsabilidades?

Reconheço a dificuldade, mas independentemente da forma como olha para ela, deve melhorar o seu fluxo de caixa. O emprego é a principal fonte de rendimento para a maioria da população mundial, e é isto que acontece frequentemente:

O seu fluxo de caixa aumenta com o tempo, mas as suas despesas também. Toda esta dívida não é dedutível nos impostos! Tipicamente, é com coisas como casas maiores para a família, um carro melhor, talvez algumas férias, e um camião cheio de bens domésticos do retalhista local.

Embora o seu fluxo de caixa tenha aumentado 100%, não está a acumular qualquer riqueza se aumentar o seu rendimento de $50.000 para $100.000 por ano. Trancou-se na sua actual fonte de rendimento, que para a maioria dos indivíduos é o seu emprego.

Tornou impossível para si próprio deixar o seu emprego, pois ao fazê-lo necessitaria de um ajustamento significativo ao seu estilo de vida. Assim, está efectivamente na esteira do seu estilo de vida.

Depois de ter experimentado uma casa maior ou um veículo melhor, nunca se contentará com um passo atrás. Há muito tempo que está empenhado no seu trabalho. Se gosta do seu trabalho, isso é óptimo. Mas se não gostar, não é agradável.

A ideia é gerar um segundo rendimento enquanto continua a trabalhar. Imagine se pudesse ganhar a mesma quantia de uma fonte diferente dentro do próximo ano. Não estou a discutir propriedade ou acções.

Substituir o seu rendimento por ambos requer tempo e esforço; à maioria dos indivíduos falta dinheiro substancial para começar. A Internet é ideal para substituir os seus rendimentos sem ter de deixar o seu emprego.

Devido à falta de conhecimentos de informática, a maioria dos baby boomers perdeu completamente com esta mina de ouro. A boa notícia é que não precisa de ser um génio da informática! A Internet não é nem um "blip" no ecrã do radar nem uma "moda" que se desvanecerá. Existem mais de 950 milhões de utilizadores da Internet em todo o mundo, e as pequenas empresas que utilizam a Internet desenvolveram-se muito mais rapidamente do que as que não o fizeram.

Os clientes não têm preferência para saber se uma grande ou pequena organização opera um website, e aqueles com dinheiro acessível são mais propensos a fazer compras online. Sem dúvida, a

World Wide Web é enorme e continuará a expandir-se diariamente!

Além disso, o fluxo de dinheiro é vital para a sobrevivência de um negócio. Sem ele, nenhuma empresa existiria. Aqui estão quatro técnicas para melhorar imediatamente o seu fluxo de caixa.

Determine onde está e o que necessita. Um dos piores métodos para criar rendimento é por pensamento aleatório. Se tirar algum tempo para esmagar os seus números (pode fazê-lo em papel ou online numa folha de cálculo), terá uma compreensão mais clara de onde vem e de onde parte o seu dinheiro.

Não há aqui espaço para especulações. Considere a sua folha de cálculo um mapa. Ele ajudá-lo-á a determinar onde está e para onde precisa de ir ou, neste exemplo, quanto mais dinheiro precisa de ganhar.

Examine os serviços que já presta aos seus clientes e veja onde os pode alargar. Pense em incorporar um Dia VIP ou meio dia nas suas ofertas e fixe o seu preço em conformidade. Os clientes pagarão pelas suas horas de atenção concentrada e indivisível, enquanto você faz uma tempestade de ideias com eles sobre o seu negócio ou campo.

Ofereça-se para melhorar os clientes existentes que acredita poder beneficiar de um dia inteiro ou meio dia da sua atenção indivisa. Estes dias podem ser oferecidos pessoalmente ou electronicamente, através de telefone ou transmissão de vídeo pela Internet. Inicie este processo contactando clientes anteriores com a sua nova oferta de dias VIP. Lembre-se também de vender os seus novos produtos à sua lista!

Sabe que a maioria das pessoas prefere adquirir mais clientes e aumentar a sua carga de trabalho do que aumentar os seus preços? É um facto. Se isto o descreve, considere porque não está a aumentar os seus preços e que crenças lhe vêm à cabeça.

Então pergunte a si mesmo porque tem tal opinião e aumente os seus preços. Sou sincero. És a única pessoa que te impede de ganhar mais dinheiro. Aqueles que antecipam mais recebem mais. No entanto, não o receberá a menos que aumente os seus honorários e o solicite.

Tome consciência das oportunidades de aumentar o seu fluxo de caixa actual. Pode ser um espectáculo que fale por si. Poderia ser uma colaboração com um colega. Pode ser uma oportunidade de treino que o exortaria a tornar-se mais visível.

Pode ser uma possibilidade de patrocínio. Aqui, pode ser necessário experimentar o medo e prosseguir. Se permanecer onde está, permanecerá onde está. Terá de dizer sim e tirar partido das possibilidades de avançar e melhorar os seus rendimentos.

O medo e as crenças limitadoras não devem ditar a sua capacidade de melhorar o fluxo de rendimentos. Há liberdade e poder para empreender aquilo que se acredita ser impossível. A implementação mesmo de uma das sugestões acima referidas irá impulsionar o seu fluxo de rendimentos pessoais e profissionais.

CAPÍTULO 2: O FLUXO DE CAIXA É UMA COMPONENTE ESSENCIAL PARA GANHAR, GERIR E INVESTIR DINHEIRO.

Para se tornar financeiramente seguro no futuro, deve estar ciente de três aspectos essenciais e distintos da gestão do dinheiro. O aspecto óbvio em que a maioria das pessoas se concentra é "obter dinheiro". Este elemento recebe frequentemente 90 por cento da atenção de todos. Conseguir uma educação elevada, conseguir um emprego bem pago e receber um cheque de ordenado são todos possíveis.

A arte de dominar a criação de riqueza está a tornar-se verdadeiramente eficiente, não só em ganhar dinheiro, mas também em compreender que este componente é inútil na sua busca de independência financeira, a menos que domine as competências dos outros dois: A gestão e o investimento adequado do dinheiro para criar um fluxo de caixa genuíno que pode realmente levar para o banco e trazer para casa.

É essencial compreender estes dois últimos mais profundamente do que os primeiros. Mesmo uma pessoa com um rendimento modesto pode acumular uma fortuna de um milhão de dólares ao longo do tempo se gerir e investir os seus fundos com um elevado nível de proficiência e gerar fluxo de caixa.

O fluxo de caixa é o factor mais importante para compreender o crescimento da riqueza. Recentemente, foi tornado público um estudo detalhando como uma mulher deixou a universidade que frequentou nos anos 40, depois de receber milhões de dólares.

Ela trabalhou como secretária ou recepcionista durante a maior parte da sua vida. Como deixou ela tanto dinheiro? Viveu dentro das suas possibilidades, geriu as suas finanças com astúcia, investiu com prudência e acumulou milhões de dólares. Com o crescimento da inflação e a desvalorização do dólar norte-americano, esta ocorrência está frequentemente a diminuir.

Já vi indivíduos com rendimentos anuais de seis dígitos desperdiçarem as suas vidas, gastando para além das suas possibilidades e lutando na reforma. Outros que ganharam metade do que os seus colegas gozam de um estilo de vida sumptuoso depois de gerirem e pouparem eficazmente o seu dinheiro ao longo das suas carreiras.

O que ganha é geralmente definido pela sua capacidade de ganho real, quanto você e o seu empregador ou empresa acreditam que vale no mercado, quanto pode gerar a partir do seu ofício ou comércio, ou quanto lucro líquido a sua organização gera.

A forma mais fácil de calcular isto é examinar as suas declarações fiscais dos últimos anos e escolher a mais elevada. Ao tentar aumentar o seu potencial de rendimento, há tipicamente algumas opções a considerar. As mais prevalecentes:

- Trabalhar outras horas por semana, fazer horas extraordinárias, ou arranjar um segundo emprego.

- Adquira a capacidade de realizar a mesma quantidade de trabalho que pode fazer em menos tempo. Ou fazer mais trabalho na mesma quantidade de tempo.

- Regressar à escola para melhorar os seus estudos, adquirir uma nova habilidade ou actualizar a sua formação.

- Mudar-se para um lugar que pague mais pelas capacidades que já possui ou aceitar uma posição mais bem remunerada.

A segunda componente, a gestão real do seu dinheiro, é influenciada pela quantidade de dinheiro que gera cada semana e pelo seu fluxo de caixa. Em primeiro lugar, deve ganhar fundos suficientes para cobrir as suas despesas de subsistência e ter algum remanescente depois de pagar as suas contas. Quanto maior for o montante restante após o pagamento das suas contas, maior é a probabilidade de ter o fluxo de caixa suficiente para investir.

Se mantiver o seu nível de vida actual e puder pagar os seus pagamentos, deverá ter mais dinheiro. Para investir, pode "encontrar dinheiro" ou "ganhar dinheiro". este outro rendimento ou fluxo de caixa é o montante que deve poupar ou investir para gerar um fluxo de caixa diferente. A criação de um orçamento principal das suas despesas após uma gestão prudente das suas finanças irá ajudá-lo a visualizar o seu fluxo de caixa.

Seguem-se alguns dos principais locais onde se pode "descobrir dinheiro" para investir no futuro:

Pague imediatamente a sua dívida de cartão de crédito, começando com os maiores saldos. Pare de apoiar empresas de cartões de crédito e bancos que se aproveitam dos americanos normais, e comece a investir na sua independência financeira.

Depois, deixe de fazer compras a crédito; livre-se dos seus cartões de crédito e compre apenas o que pode pagar com o dinheiro que ganhou com o seu fluxo de caixa. Pare de usar cartões de crédito!

Se fumar cigarros, beber álcool, ou participar em qualquer forma de jogo, bingo ou lotaria, etc. - Pare! Estes são prejudiciais à sua saúde e ao seu futuro financeiro. Por exemplo, uma caixa de cigarros custa cerca de 80 dólares.

Se fumar apenas um maço de cigarros por semana, desperdiça aproximadamente $4.000 por ano com este hábito terrível. Uma vida inteira a fumar durante mais de 30 anos custar-lhe-á mais de $320.000, já para não falar dos custos de saúde. Pare para que possa investir no seu futuro e desfrutar de um estilo de vida melhor e mais lucrativo.

Pare de consumir refeições de restaurantes e cadeias de fast-food. Se está demasiado ocupado para preparar refeições com antecedência, então está demasiado ocupado. Se tudo o resto falhar, vá a um clube de armazém como o Sam's Club e compre refeições congeladas ou explore alternativas para gastar 20 a 30 dólares em cada jantar.

Embora isto possa parecer absurdo, ainda assim é menos dispendioso do que comer fora. Para cada refeição de fast-food consumida fora de casa, acrescente 8 dólares ao custo da refeição. Cinco dias por semana, cinquenta semanas por ano, equivaleriam a $2000,00. Imaginem só. Acrescentar $8,00 a $20,00 diariamente por cada jantar sentado, dependendo do local onde se come. Ao longo de um ano, isto ascende a milhares de dólares.

Considere se está a fazer pagamentos mensais de automóvel num veículo que o banco possui. Se alugar, não é proprietário de nada. Aqui está uma orientação útil: Deposite fundos suficientes, para que os seus pagamentos mensais não excedam 5% do seu rendimento líquido mensal. Se o seu agregado familiar precisar de dois automóveis, deve comprar um segundo veículo usado.

Pague com dinheiro para o segundo veículo usado. O meu motor mais recente era um veículo usado topo de gama em excelentes condições, mas com mais quilometragem. Custou-me 4.000 dólares em dinheiro, e conduzi-o durante 38 meses. Custou-me aproximadamente $105,26 mensais por cada mês em que o possuía. Isto é cerca de um terço do custo de financiamento de um carro novo.

Se for ao cinema, assistir a eventos desportivos, tirar férias caras, cortar o cabelo na moda, e comprar roupa cara - cortar durante alguns anos e investir em vez de procurar satisfação imediata.

Acredito que agora compreendem o conceito. Ao optimizar os seus rendimentos e libertar dinheiro, irá gerar fluxo de caixa e ser capaz de investir no seu futuro financeiro.

Avalie se consegue eliminar "extras" tais como cabo, telemóveis, animais de estimação, pagamentos automáticos, entretenimento e viagens não essenciais até que a sua dívida não domine mais as suas despesas mensais.

Quanto mais diligentemente trabalhar nisto, mais cedo chegará a um ponto em que a sua dívida já não esteja a drenar a sua vida, e terá reservas de dinheiro suficientes para tornar as emergências menos stressantes.

O seu objectivo deve ser ganhar entre $100.000 e $250.000 para gerar um fluxo de caixa suficiente de 10 a 30 por cento do seu rendimento. Desde que mantenha um estilo de vida modesto, deverá ter poucos problemas em arranjar fundos para investimentos e construir uma carteira sólida que quase certamente conduzirá à independência financeira.

Mesmo que possa suportar o pagamento mensal, nunca se tornará milionário se viver como tal. Manter um estilo de vida modesto e tornar-se um milionário é preferível a tentar acompanhar os vizinhos (e mais provavelmente tentar ultrapassá-los).

Depois de ter aumentado o seu fluxo de caixa em mais de 30% das suas receitas, está agora numa excelente posição para seleccionar uma estratégia de investimento. Existem três tipos de investimento primário: Poupanças, Obrigações, investir em acções numa área, e investir em imóveis e criar um negócio seria o terceiro.

O investimento num negócio tem o potencial de proporcionar o maior retorno. As contas de poupança, obrigações e acções tipicamente oferecem os mais baixos retornos. Com o tempo, é provável que gere entre um e sete por cento. No actual clima económico, os bens imóveis geram maiores lucros, variando de doze a cinquenta por cento ao longo do tempo.

O dinheiro e os rendimentos podem gerar um retorno de centenas a milhares de por cento para uma empresa. O auto-cmprego e o marketing de rede entram aqui em jogo. Deve ligar-se a estes TRÊS ELEMENTOS-CHAVE, independentemente do que fizer, seja por conta própria, marketing de rede, iniciar um negócio, ou tornar-se um profissional de vendas directas:

Precisa e deve ter uma paixão por aquilo em que se envolve, ser capaz de manter o seu entusiasmo por ele, e comprometer-se com ele durante um período prolongado.

Para se tornar um líder na sua área, deve alcançar um alto nível de experiência no campo da sua escolha.

Deve entregar ao mercado o que o seu cliente ou cliente realmente deseja.

Lembre-se de que quanto maior for a recompensa possível em cada negócio, maior será o seu risco. Nunca invista mais do que pode dar-se ao luxo de perder numa única empresa.

Desenvolver um alto nível de competência num assunto pelo qual é apaixonado é a chave para alcançar excelentes retornos sobre os seus investimentos. À semelhança de outros métodos de ganhar dinheiro, será mais compensado se trouxer uma melhor competência e talento para o que quer que venda, comercialize, ou ofereça a um consumidor ou potencial parceiro comercial.

Tire tempo para realizar a sua devida diligência e investigação para estabelecer qual destes veículos será mais adequado para si e para identificar as oportunidades em que irá compreender e gostar de participar no futuro.

Ao seleccionar os activos que compreende e ama, obterá retornos significativamente mais elevados, diminuirá o risco e incorrerá em menos perdas do que se se limitar a procurar possibilidades com as taxas de retorno mais elevadas.

À medida que a taxa de retorno potencial aumenta, o perigo também aumenta. Para reduzir o risco associado à realização de negócios no actual clima económico, expandir os seus conhecimentos aumentará as suas probabilidades de sucesso financeiro.

Se não estiver genuína e verdadeiramente interessado na perspectiva fora do potencial de retorno, a sua probabilidade de conduzir a investigação essencial e a devida diligência permanecerá provavelmente baixa, falhando.

Por onde quer que o seu fluxo de caixa esteja actualmente, é por onde deve começar. Ao reconhecer a necessidade de melhorar o seu fluxo de caixa e começar imediatamente, aumenta as suas probabilidades de sucesso em cada uma das três áreas de impulsionar o fluxo de caixa.

Não há rotas alternativas. Deve tornar-se o mais conhecedor possível da sua situação financeira, criar melhores hábitos, e dedicar mais tempo e energia à gestão e investimento do seu dinheiro para melhorar hoje as suas finanças e aumentar a sua independência futura.

CAPÍTULO 3: PERGUNTAS A RESPONDER PARA DETERMINAR UM FLUXO DE CAIXA SUFICIENTE.

O seu fluxo de caixa é a energia financeira que suporta o seu nível de vida, a aquisição de bens e serviços, a educação dos seus filhos, o planeamento da sua reforma, a sua necessidade e desejo de cuidar dos outros, e a sua segurança financeira global.

Para manter um fluxo de caixa suficiente, deve empenhar-se num planeamento prudente, estabelecendo objectivos a longo prazo e os objectivos que conduzirão à sua realização. A suficiência do seu fluxo de caixa é então definida pelos recursos necessários para executar estes objectivos e alcançar os seus objectivos a longo prazo.

Percebendo que os objectivos são trampolins para os objectivos a longo prazo, as suas hipóteses de ter uma estratégia de sucesso são consideravelmente aumentadas se fornecer respostas claras a estas cinco questões.

1. Onde estou agora?

A sua situação existente deve ser avaliada, o que inclui a determinação da fonte, montante e duração dos seus rendimentos actuais.

Além disso, tem poupanças mensais depois de pagar as suas contas?

As suas finanças mensais estão no vermelho?

Que activos geradores de rendimentos possui que contribuem para o seu rendimento mensal disponível?

Responder à pergunta "Onde estou?" de forma completa e cuidadosa é uma boa verificação da realidade.

2. Onde quero chegar?

Estabelecer um objectivo oferece às suas acções e comportamentos um sentido de propósito, destino, e quantidade ou intensidade. Explique também o raciocínio por detrás do seu objectivo. Estabeleça um plano ambicioso que o ajudará e inspirará a fazer uma verdadeira diferença na sua vida.

Por exemplo, aumente o seu salário para o dobro, estabeleça um fluxo de rendimento modesto alternativo de $5.000 ou mais por mês, inicie um negócio que possa operar 10 horas por semana, ou ganhe um diploma ou certificação avançada.

3. Quando é que desejo chegar?

A procrastinação gera ansiedade não gerida, uma consequência significativa e muitas vezes negligenciada de não se estabelecer um prazo. Estime sempre um prazo para o sucesso; caso contrário, este esforço cairá muitas vezes no fundo da sua lista de prioridades. Os intervalos de três a cinco anos são práticos para objectivos a longo prazo.

4. Como lá chego?

Determine os seus recursos e o seu padrão de gastos. Calcular os seus fundos excedentes no final do mês e determinar se a sua fonte actual de rendimentos continuará e se o manterá durante o seu período de actividade de concentração é um método simples.

5. O que preciso de ter para chegar a tempo?

Pode obter certificação, reestruturar ou reduzir a dívida, deslocalizar-se, garantir um empréstimo ou criar novas relações. Este é também o momento de considerar a aquisição de um mentor para uma orientação experiente, uma perspectiva imparcial, e responsabilidade.

Ao abordar estas tarefas, o seu foco desloca-se para determinar os meios mais eficientes de alcançar o sucesso dentro do prazo especificado. Tem agora a oportunidade de desenvolver um plano credível e obter o apoio de outras pessoas à sua volta.

CAPÍTULO 4: FORMAS RÁPIDAS DE AUMENTAR O FLUXO DE CAIXA.

1. Marketing de afiliação.

Muitos indivíduos aumentam os seus salários trabalhando em part-time a partir de casa. É uma ideia fantástica por muitas razões, incluindo horários mais flexíveis, maior independência, e infinitas possibilidades de receitas.

Suponha que está a considerar juntar-se a milhões de outros trabalhadores independentes de sucesso, desenvolvendo a sua empresa de Marketing Multinível. Nesse caso, precisará de algumas ideias de marketing de afiliação para melhorar o seu fluxo de caixa.

Deve ter uma compreensão fundamental do marketing de afiliação. Gera vendas na Internet desenvolvendo o seu website e levando as pessoas a um website de retalhista, onde é feita uma venda.

O objectivo, então, é que faça o campo de vendas inicial no seu website, para que quando os clientes visitam a loja do comerciante, já estejam predispostos a fazer uma compra. Em algumas circunstâncias, também lhes dará um ser humano com quem se ligar, especialmente quando o site do comerciante é na sua maioria automatizado.

Quando se inscreve como associado de um determinado vendedor, ele regista-o e utiliza um software de localização para assegurar que recebe uma comissão sobre cada venda que faz através do seu site. Isso significa que não terá de investir em qualquer inventário ou armazenar quaisquer produtos, nem será responsável por qualquer embalagem ou entrega.

A escolha seguinte seria quais os produtos a vender ou com os quais os retalhistas a colaborar.

Esta opção baseia-se apenas nos seus gostos; no entanto, recomenda-se que escolha algo pelo qual usa frequentemente ou pelo qual tem uma forte paixão, uma vez que isto lhe proporcionará uma maior percepção ao conceber o seu website.

Considere as coisas que aprecia ou utiliza frequentemente, e depois realize estudos exaustivos sobre as empresas que as fabricam. No mercado que escolheu, há provavelmente muitas oportunidades de afiliação acessíveis.

Pode também conhecer os programas de afiliação que lhe podem interessar, lendo as muitas avaliações fornecidas por afiliados anteriores e actuais. Obtenha informações sobre há quanto tempo a empresa está em actividade e como são classificados nas revistas comerciais.

Desejará parar e reservar algum tempo para identificar os comerciantes com reputação de tratar os seus afiliados de forma justa e manter os seus associados satisfeitos durante um longo período. Quando iniciar o seu estudo, tenha uma lista de verificação para saber o que pretende de um programa de afiliação anexado à sua organização de marketing multinível.

Deve também comparar o investimento inicial para as coisas que está a considerar vender. Também pode investir dinheiro para ganhar dinheiro, embora o montante necessário para começar a trabalhar varie muito. Uma empresa com um custo inicial modesto faz sentido para os iniciantes, uma vez que pode ajudá-los a aprender as cordas do MLM com um risco mínimo.

2. Investimento Imobiliário.

Aumentar o seu fluxo de caixa através do investimento imobiliário sempre foi um meio popular de acumulação de riqueza. Considere: enquanto as pessoas continuarem a comprar habitação, esta continuará a ser uma das melhores técnicas para aumentar o fluxo de caixa pessoal e construir riqueza.

A dificuldade é que se utilizar os bens imóveis de forma imprópria, pode perder muito dinheiro.

Vamos examinar alguns métodos para eliminar o risco ao aumentar o seu fluxo de rendimento através de investimentos imobiliários.

Obter um especialista Mentor.

Os mais bem sucedidos em alavancar bens imobiliários investindo no aumento do fluxo de caixa pessoal aprenderam com outra pessoa o que sabem. MUITO poucas pessoas que exploram com sucesso os bens imobiliários para aumentar o fluxo de rendimentos ficaram assim pela escola das pancadas duras. Isto porque uma "tentativa e erro" de educação em investimentos imobiliários pode custar milhares e milhares de dólares, naquilo que Dave Ramsey denomina "imposto burro".

Por conseguinte, deve encontrar um mentor de confiança e conhecedor para o orientar na aprendizagem sobre o investimento imobiliário e o crescente fluxo de rendimentos.

Em segundo lugar, Esteja Atento à Sua Situação Financeira.

Antes de investir em bens imóveis para aumentar o fluxo de caixa ou aumentar a riqueza, é essencial pôr os seus assuntos pessoais em ordem. Isto indica que as suas finanças estão em ordem, as suas despesas são inferiores a 70% do seu rendimento líquido, e tem reservas de caixa suficientes para cobrir três meses de despesas. Além disso, é aconselhável fixar de forma consistente 10% do seu salário para fins de investimento.

Isto permitir-lhe-á concentrar-se nos seus investimentos para aumentar o seu fluxo de caixa sem se preocupar se está ou não prestes a investir os seus fundos hipotecários. Mesmo que opte por não ter estes itens em vigor, deverá obter uma cópia CLEAR e ESCRITA da sua situação financeira antes de investir em imóveis para aumentar o seu fluxo de caixa ou desenvolver riqueza.

Tentativa de Fazer Algumas Previsões.

Antes de começar a investir em propriedades de aluguer ou propriedades que pretende vender com lucro, obtenha alguma prática navegando no website do avaliador de impostos e viajando pela sua cidade para ter uma noção das perspectivas disponíveis. Isto irá ajudá-lo a ganhar confiança antes de investir dinheiro real para aumentar o seu fluxo de caixa.

3. Financiador com base em activos.

Quais as vantagens que um credor com base em activos oferece ao seu negócio?

Em duas palavras: "Current Cash Flow" é essencial para o sucesso de qualquer organização.

"Fluxo de caixa criado por um investimento ou negócio dentro de um determinado período. Isto são ganhos antes dos juros, impostos, depreciação, e a amortização são uma métrica do fluxo de caixa. Uma vez que o dinheiro é o sangue vital de uma empresa, muitos especialistas consideram o fluxo de caixa como a métrica financeira mais essencial. As empresas com um fluxo de caixa substancial geralmente assumem o controlo porque as empresas adquirentes reconhecem que este dinheiro pode ser utilizado para ajudar a pagar os custos das aquisições".

No mundo real, os bancos, analistas e outras instituições financeiras avaliarão a saúde financeira de uma empresa através da medição do seu fluxo de caixa. Uma empresa não pode pagar as contas dentro do prazo, reduzir a dívida ou investir no crescimento futuro sem um fluxo de caixa adequado.

Como será benéfico o financiamento baseado em activos?

À luz da actual incerteza económica, as empresas podem novamente considerar os credores baseados em activos como uma fonte potencial de capital de exploração para impulsionar o fluxo de caixa. Historicamente, esta forma de financiamento nunca desaparece; no entanto, à medida que a economia se deteriora e o crédito se torna mais escasso, os proprietários das empresas estão muito mais dispostos a pagar um pequeno prémio para ter acesso ao capital de exploração. Em particular quando a alternativa é reduzir o capital de giro. A insuficiência de capital de exploração resultará em oportunidades perdidas e crescimento restrito.

Porque é que os bancos não concedem crédito quando os credores baseados em activos o fazem?

As contas a receber e, em menor medida, os inventários são os activos contra os quais as empresas de financiamento baseadas em activos adiantam capital. Enquanto os bancos estão em modo de crise devido a empréstimos imobiliários defeituosos e maus investimentos, as organizações de empréstimo baseadas em activos continuam robustas e preparadas para ajudar as empresas a expandir-se quando a economia recupera. Os credores baseados em activos só concedem financiamento dependendo da capacidade dos clientes solventes de uma empresa para pagar facturas dentro dos prazos.

Muitas vezes, os bancos concedem empréstimos a pequenas e médias empresas se estas tiverem garantias. Um banco não emprestará sem património líquido, garantias, e fluxo de caixa, especialmente na actual conjuntura económica. Isto implica que as empresas terão de ir para outro lugar para trabalhar no financiamento.

Por outro lado, os recursos bancários não tradicionais melhoram o fluxo de caixa através da injecção de capital de exploração em cada factura que uma empresa gera. A ideia é simples, aumentar as vendas e melhorar o acesso ao numerário. Enquanto os consumidores estiverem qualificados para crédito e continuarem a pagar pontualmente, os credores baseados em activos ajudarão o seu negócio a expandir-se e a ter sucesso.

O financiamento flexível a partir de uma linha de crédito de contas a receber permite-lhe utilizar as suas facturas como garantia para um acesso rápido ao capital de exploração.

Vantagens da utilização de um credor com base em activos:

- Obter acesso instantâneo ao capital.
- O fornecimento contínuo de capital de trabalho flexível para aumentar o fluxo de caixa.

- Libertar os recursos humanos para actividades produtivas.
- Invista mais tempo no crescimento do seu negócio e menos tempo na recolha de pagamentos.
- Ao contrário de um empréstimo bancário tradicional, não contrai dívidas para o seu negócio.
- Pode financiar tanto quanto desejar.

Experimente as Vantagens:

Os empréstimos baseados em activos proporcionarão à sua empresa um financiamento simples e individualizado que lhe permitirá maximizar as oportunidades.

4. Sítio de sócios.

Se já tiver um modelo de empresa ou quiser iniciar a sua empresa, deve considerar a possibilidade de um site de sócios. Mesmo que isso dependa de como o seu site de sócios será estabelecido, pode descansar confortavelmente sabendo que a grande maioria das suas operações são automatizadas, e que elas próprias funcionam. Isto equivale a um fluxo consistente de receitas passivas, e estes sítios podem também ajudar a gerar dinheiro residual de outras formas.

Iremos agora examinar muitos métodos bem conhecidos para rentabilizar um sítio web de membros:

1. Taxas de adesão e subscrições.

Se tomarmos como exemplo as revistas, podemos ver que cobram um custo anual aos seus clientes em troca de uma edição mensal. Muitas revistas têm agora um sistema de renovação automática, que se traduz numa renovação automática da assinatura se esta não for cancelada.

Um website de assinatura funciona de forma semelhante. Como proprietário de um website de assinatura, pode cobrar uma taxa anual e assinaturas de renovação automática. As suas taxas podem ser renovadas numa base mensal, trimestral, semestral, ou anual. A principal razão pela qual isto funciona tão bem é que está a fornecer um nível de valor e serviço que garante efectivamente que os indivíduos manterão a sua filiação.

A adesão por níveis também pode ser bastante popular e funciona oferecendo a adesão de prata, ouro, ou platina. Uma filiação Prata proporcionaria simplesmente o essencial, mas uma filiação Ouro proporcionaria uma qualidade superior. A platina seria mais cara, mas também precisa de ter um valor excepcional. Ao adoptar um sistema deste tipo, terá a opção de fazer um "upsell".

Um outro modelo de subscrição também oferece uma adesão gratuita e geralmente funciona da mesma forma que a construção de uma lista de contactos, na qual se oferece um incentivo às pessoas. O objectivo da adesão gratuita é proporcionar ao cliente um olhar sem riscos sobre o que oferece. Para receber todos os benefícios da sua organização, os seus membros devem passar a ser membros pagos.

2. Outras Oportunidades de Monetização.

No entanto, a cobrança de uma mensalidade não é a sua única opção. Dependendo da sua estratégia demográfica e empresarial alvo, os seguintes métodos podem ser emparelhados com adesões pagas ou gratuitas. Outras opções incluem:

Oportunidades de Parceria e/ou Comissão de Afiliados:

A maioria dos modelos de filiação prestam-se a oportunidades de parceria e vendas de filiados. Uma opção é o marketing informativo, que lhe permite promover determinados produtos dentro do conteúdo do seu website. Estes produtos podem ser produtos de afiliação ou produtos criados por parceiros com partilha de rendimentos. Há também opções para promover o seu site de filiação paga no seu site.

Outros ganhos:

Também pode utilizar sites de membros para promover os seus produtos e serviços. Por exemplo, um assistente virtual pode fornecer mais cinco horas de pesquisa por mês aos seus utilizadores, ao mesmo tempo que oferece alternativas que podem aumentar os lucros.

Ganhos publicitários:

Finalmente, um sítio web de membros pode gerar dinheiro para publicidade vendendo espaço publicitário a empresas específicas. Alternativamente, pode aderir a esquemas do tipo PPC, que implicam a exibição de anúncios no seu sítio web e receber dinheiro quando são clicados.

Para determinar qual a estratégia de monetização mais relevante para o seu negócio, deve considerar os seus objectivos, o seu público-alvo, e o nicho de mercado em que está interessado. Esta acção aumenta a probabilidade de os sites de membros aumentarem os seus rendimentos e a sua margem de lucro.

5. Vender Coaching.

Prepare-se para gerar rendimentos substanciais com o mais simples programa de cinco passos para a venda de coaching.

E se descobrisse os passos para acelerar o dinheiro que inundaria imediatamente a sua conta bancária?

Está interessado em aprender a fórmula de venda de coaching online?

Esta secção visa prepará-lo para gerar mais dinheiro, vendendo as suas aulas de reforço em linha. Aqui estão cinco passos fáceis que aumentarão automaticamente as suas vendas de tutoria.

Etapa 1: Oferecer uma garantia de reembolso.

Etapa 2: Proporcionar ensaios e workshops gratuitos.

A publicidade no website é a chave para o sucesso na terceira etapa.

O objectivo desta secção é demonstrar as etapas para a comercialização do maior coaching. Aqui estão instruções que podem ser aplicadas de forma rápida e sem esforço.

Etapa 1: Oferecer uma garantia de reembolso.

Pode atrair consumidores com incentivos como a garantia de devolução do dinheiro, o que aumenta as vendas e encoraja mais pessoas a fazer negócios consigo, reduzindo o risco inerente associado a cada compra.

Esta tarefa irá melhorar a confiança dos seus clientes, pois nada se perderá. Tenha confiança nas suas capacidades, uma vez que esta acção fará uma diferença significativa para a sua clientela. Dê-lhes amostras grátis, o que irá ajudar na sua publicidade.

Segundo passo: proporcionar testes e workshops gratuitos.

Conduza um seminário onde os seus clientes obtenham informações completas sobre o produto e dêem um teste gratuito de um dos seus serviços. Introduza o seu primeiro teste gratuito, para que os consumidores tenham mais probabilidades de comprar-lhe. Ao fazê-lo, poderá convencer os indivíduos do valor das suas ofertas e de como podem melhorar a sua qualidade de vida. Tente aproveitar o tremendo poder de promoção do seu website.

A publicidade no website é a chave para o sucesso na terceira etapa.

Escrever artigos para promover o seu sítio web é a chave para conduzir os visitantes. Utilize o poder do motor de busca para optimizar para aumentar o tráfego para o seu sítio web. Através do seu sítio web, as perspectivas serão mais facilmente compreendidas. Além disso, preencha o seu sítio web com toda a informação esperada. Dê uma visão abrangente do que pretende dar-lhes, incluindo todas as suas ideias.

6. Trabalho em rede através de inquéritos pagos.

Alguns de nós podem ainda não estar cientes disso, mas está familiarizado com o trabalho em rede em inquéritos pagos? Penso que a única forma de ganhar dinheiro com inquéritos pagos é responder aos inquéritos a tempo e submetê-los a sítios de inquéritos. Após completar a tarefa, eles determinarão quantas perguntas respondeu num mês e pagam-lhe.

O trabalho em rede é definido como a indicação de um amigo ou a indicação de outras pessoas para se juntarem a uma organização ou corporação. Assim, se tiver uma referência bem sucedida, será recompensado com dinheiro ou outros incentivos.

Estes sítios de sondagens visam aplicar outro tipo de marketing fundamental na Internet; de acordo com os relatórios, este método é também utilizado em sondagens pagas. Ao aderir a um site de sondagens, estará a aderir a uma rede mais vasta.

De acordo com a definição de uma sondagem patrocinada, existem três actores principais nesta liga: a organização de pesquisa de marketing, os anunciantes/clientes, e você, o consumidor/respondente. Os múltiplos níveis são dedicados às relações de rede entre os três participantes primários. Mas como funcionará o trabalho em rede para os três principais intervenientes de um inquérito pago?

Primeiro, ao aderir a um sítio de sondagem, será categorizado com base nos seus perfis de informação pessoal. Isto implica que será colocado num grupo baseado no sexo, posição social, faixa etária, nível de educação, e/ou carreira. Os candidatos a inquéritos pagos são normalmente questionados sobre os seus hobbies, interesses e alimentos preferidos.

Em segundo lugar, os clientes/empresas de pesquisa de marketing/anunciantes assinarão um contrato (ou pagarão o site da pesquisa) para enviar as ligações e e-mails dos inquiridos contendo as pesquisas em linha. Estes inquéritos têm qualificações pré-determinadas para os inquiridos e serão enviados directamente a esses indivíduos.

Nem todos os membros ou subscritores do sítio de pesquisa acima mencionado receberão este e-mail e ligações; poderá receber um número restrito de oportunidades diárias de pesquisa. Após completar o inquérito, a sua resposta será transformada em pontos, e os pontos que ganhar no prazo de uma semana ou um mês indicarão os seus rendimentos.

Em resumo, receberá um número limitado de sondagens, que se reflectirão no seu dinheiro. Aqui, o poder do trabalho em rede assumirá o seu lugar; se o seu site de pesquisa tiver um programa de trabalho em rede, se indicar outras pessoas para se juntarem ao seu site de pesquisa, elas serão incluídas na sua rede, se forem aceites.

Isto significa que receberá dinheiro por cada inquérito pago que realizarem. Se a sua referência bem sucedida indicar outra pessoa, essa pessoa será automaticamente acrescentada à sua rede, e receberá comissões por cada inquérito pago que completar. Em geral, isto resultou noutra possibilidade de ganhar em inquéritos pagos em vez de estar limitado a responder a inquéritos.

7. Rendimentos da Amazónia.

Enquanto muitos comerciantes afiliados se concentram na venda de produtos digitais, o Programa de Associados da Amazon é muito maior e possivelmente mais lucrativo do que a maioria dos outros programas de afiliados, devido aos muitos produtos populares que pode promover.

Para obter um grande rendimento como afiliado da Amazon, é necessário identificar os produtos correctos para promover e desenvolver a sua estratégia de venda dos mesmos. Espere gerar um pequeno rendimento no início, mas é possível estabelecer um negócio que se expanda ao longo do tempo.

Para ganhar mais dinheiro com a Amazon, deve ser criativo e evitar imitar outros sites da sua indústria. No seu website, pode promover um produto popular no seu sector. Ainda assim, a realidade é que uma certa percentagem dos seus visitantes pode não querer comprá-lo, uma vez que já o possuem ou algo semelhante, obviamente, excepto para aqueles que estão a fazer compras activas.

Para chegar a mais pessoas, é necessário vender produtos importantes, tais como câmaras fotográficas, e artigos ligados ou suplementares àqueles que já possuem uma câmara fotográfica. Pode incluir câmaras, mas deve também visar outros produtos que os entusiastas da fotografia possam estar interessados, tais como livros, cartões de memória, software, e lentes.

Examinar as estatísticas e relatórios que recebe da Amazon, que revelam o que as pessoas estão a comprar, é um método inteligente para determinar que produtos semelhantes deve procurar. Não notará que os clientes estão a comprar não só as coisas que estão a ser comercializadas directamente, mas também outros produtos.

A observação de padrões de compra pode também fornecer ideias de marketing para empresas de outras categorias. Pode pré-vender coisas novas na Amazon antes de estas estarem oficialmente disponíveis, uma estratégia que poucos indivíduos empregam.

Isto não é possível para todos os produtos na Amazon, mas pode muitas vezes promover e pré-vender novos produtos antes de estes serem publicados ao público. Lembre-se de procurar uma página da Amazon para cada novo produto que promove. Se houver uma página, poderá destacar no seu website ou blogue que o produto já está disponível para pré-compra na Amazon.

Os produtos de preço elevado que a Amazon vende representam um potencial para ganhar mais dinheiro. Não pode esperar que os produtos de alto preço se convertam tão eficazmente como os de baixo preço, mas quando fizer uma venda, ganhará significativamente mais. Algumas coisas de preço elevado, tais como jóias, podem ganhar comissões de 100 dólares ou mais, pelo que pode valer a pena investigá-las.

Esperemos que compreenda melhor os vários factores que influenciam os seus rendimentos como

Associado da Amazónia. Uma das melhores coisas que pode fazer desde o início é abordar este empreendimento como um negócio legítimo. Há tantas coisas para fazer, mas uma outra é fazer todas as acções possíveis diariamente.

8. Produtos Sazonais de Dropshipping.

A azáfama do Natal regressou. As pessoas compram muitos artigos para oferecer ou como presentes para os seus entes queridos. Nesta época, tem o potencial de ganhar dinheiro extra. Deixar cair os artigos de transporte sazonal pode ser uma óptima forma de ganhar dinheiro extra durante a época natalícia.

Pessoas em todo o mundo celebram a época natalícia. Há muitos indivíduos a fazer compras e compras para si próprios ou para os seus entes queridos. Há festas em todo o lado que se procura. A lista inclui brindes empresariais, presentes de troca, presentes para familiares e amigos, e muito mais.

Estes são apenas alguns dos artigos que estão em alta procura nesta época.

O envio de brindes é simples. Pode realizar a tarefa mesmo com os olhos fechados. Esta é a altura perfeita para iniciar um negócio de envio de drop shipping online se não tiver nada para fazer nesta época festiva.

Deve procurar expedidores de produtos sazonais por atacado. Procure fornecedores que vendam produtos baratos e de alta qualidade. Verifique a sua fiabilidade como grossistas. Solicite uma amostra e inspeccione a sua qualidade se pretender comprar produtos a granel. Se estiver satisfeito, pode negociar uma pechincha para o envio de produtos a granel.

A seguir, deverá criar um website para carregar imagens dos produtos que pretende vender. Certifique-se de que o seu sítio web é suficientemente apelativo para captar a atenção dos clientes. Uma vez que tudo esteja pronto, responda a todos os e-mails dos clientes. Se perguntarem sobre um determinado produto, dirija-se a todas as suas perguntas.

Quando um comprador está satisfeito e interessado num produto, ele ou ela fará uma compra. Verificar se a mercadoria chegou em condições satisfatórias. Uma vez pago, pode contactar instantaneamente o seu expedidor de entrega e fazer com que os artigos sejam enviados para o endereço fornecido pelo cliente.

Dropshipping O sector empresarial actual está a experimentar um aumento da rentabilidade. Muitos empresários que iniciaram este tipo de negócio estão agora a prosperar como empresários de pleno direito e a auferir rendimentos gratificantes.

O vestuário infantil, particularmente o vestuário infantil, é um dos nichos de vestuário mais procurados para o dropshipping. Tipicamente, as mulheres compram vestuário de bebé em excesso.

Isto porque as roupas de bebé, particularmente as fraldas, devem ser mudadas frequentemente. A maioria das mães gosta de adquirir vestuário um pouco maior do que o tamanho do seu bebé para uso futuro, comprando on-line vestuário em quantidade é o método mais conveniente. Isto permitirá às mães poupar dinheiro e tempo, uma vez que já não precisarão de ir ao centro comercial e passar a maior parte do dia à procura de vestuário para bebé.

A maioria das lojas especializadas nesta linha de vestuário viraram-se para a venda por atacado de roupa. Estes empresários continuam tipicamente a fazer negócios com os proprietários de fábricas que escolheram anteriormente, mas desta vez estão a revender vestuário para bebé em volume.

Além disso, os proprietários de fábricas favoreceram este tipo de transacção comercial porque o seu volume de vendas também estava em expansão. Por outro lado, beneficiam deste acordo porque podem dispor convenientemente da coisa comprada. Assim, o dinheiro do seu investimento pode ser facilmente recuperado através do lucro.

Alguns proprietários de fábricas consentiriam a consignação, especialmente se for um dos seus clientes mais fiáveis que gera um lucro substancial. Este é um excelente momento para si, uma vez que os seus levantamentos estão a tornar-se mais fáceis de gerir, e pode utilizar o dinheiro que poupou para melhorar o seu website e distribuir outras coisas promocionais.

A tecnologia da Internet está a elevar o negócio, especialmente a indústria do dropshipping. Ao utilizar a Internet, o seu negócio de vestuário pode expandir-se globalmente. Mães de todo o mundo são agora elegíveis para se tornarem seus clientes. Pode conversar com elas como se fosse seu vizinho.

O único problema é a restrição temporal, uma vez que a maioria dos seus clientes se encontra em fusos horários diferentes. Em certos casos, o seu cliente pode contactá-lo a meio da noite. Basta procurar por um ajudante nocturno.

Aqueles que suportam e abraçam dificuldades, acham simples ganhar dinheiro. É gratificante perceber que ainda pode ter um emprego estável, mesmo que esteja desempregado. Não está apenas a tentar melhorar a sua posição, mas também a ajudar o seu país a reduzir o desemprego.

A indústria dos transportes marítimos exige um acompanhamento contínuo das flutuações de preços e da procura de produtos. É essencial compreender o que está a vender rapidamente em websites concorrentes. Então, pode tirar o máximo partido do que tem.

9. Negociação Forex.

O comércio Forex é acessível ao comerciante típico no mercado de divisas. Ser um comerciante ou corretor profissional não é necessário para participar no mercado de câmbio. Este mercado está disponível vinte e quatro horas por dia e abrange muitos mercados e países, permitindo-lhe lucrar com economias e dinheiro globais.

Pode aprender como ser bem sucedido no mercado cambial com alguma educação, determinação e senso comum. A negociação em Forex swing é um tipo de negociação no mercado que lhe permite capitalizar um movimento de preços antes ou depois da sua ocorrência.

Antes de entrar no mercado forex, deverá ter utilizado uma plataforma de formação para compreender como o mercado funciona e reconhecer quando um swing está a ocorrer. As plataformas de formação discutem frequentemente a negociação em swing e como utilizar indicadores para determinar quando um swing irá ou já ocorreu.

Depois de ter determinado quando ocorrerá um swing, deve escolher de que lado deseja estar. Há oportunidades de compra e venda durante, antes e depois de uma transacção de swing. Para um resultado óptimo, é essencial compreender quando negociar num "swing".

O comércio de "swing" Forex pode ser simplesmente uma das tácticas utilizadas por comerciantes especializados e investidores típicos, mas é uma das mais populares devido à emoção envolvida. É aconselhável reservar esta estratégia para quando tiver mais experiência em negociação de Forex e tiver testemunhado flutuações.

Isto irá aumentar o seu sucesso na negociação de swing forex e melhorar a sua capacidade de prever os melhores movimentos durante um swing. Uma vez dominado isto, estará entre os melhores negociadores forex e será capaz de capitalizar as oscilações do mercado em vez de perder dinheiro.

10. Formação Verde.

A utilização de energias renováveis e a localização de empregos ecológicos criarão muitas perspectivas para novas vocações verdes e serão um elemento significativo no desenvolvimento de novas oportunidades.

As empresas que transitam para a energia verde têm um impacto tremendo no potencial de crescimento dos empregos verdes. Todos eles procuram alguém com experiência no sector para que a possam implementar nas suas empresas.

Como poderia ser utilizada a Formação Verde?

Para incorporar conhecimentos especializados em energia verde numa empresa, a empresa precisa de ter pessoal qualificado na área. Devido à novidade da indústria, muitas organizações precisarão de se reciclar ou contratar novos empregados para preencher empregos verdes. Toda a economia verde precisa de indivíduos mais instruídos para ajudar e adaptar-se.

Universidades e faculdades começaram a oferecer cursos sobre questões ambientais. O governo fornece subsídios para ensinar indivíduos para novas credenciais de emprego ecológico, e as empresas utilizam fundos de subsídios para formar o maior número de indivíduos possível para entrar no mercado verde.

As pessoas que procuram formação verde podem inicialmente sentir-se sobrecarregadas, uma vez que não podem escolher em qual das enormes oportunidades que a economia verde apresenta para participar.

Aqui estão alguns passos iniciais:

Auto-educação - Antes de gastar dinheiro, dedicar algum tempo à leitura e compreensão da economia verde. Artigos e e-books em linha irão acelerar o seu progresso.

As suas capacidades - Assegure-se de que sabe o que deseja. Se gosta do seu trabalho, pode explorar posições ecológicas ou aprender rapidamente a "torná-lo mais ecológico".

Formação verde - A formação de qualidade é o ponto de partida se desejar participar na transformação. O sector do emprego da economia verde está em rápida expansão e começa a gerar novos empregos.

O verde engloba todas as indústrias; quase todos os empregos anteriores podem ser convertidos em empregos verdes. A economia verde cria novos postos de trabalho na indústria transformadora, ao mesmo tempo que ajuda todos os outros sectores de emprego.

Considere a energia solar, a energia eólica, a conservação de energia, e os campos de formação verde na construção.

De uma perspectiva histórica, os próximos anos serão recordados como os que moldaram o futuro da economia verde e dos empregos ecológicos.

11. Outsourcing.

A oportunidade de aumentar os lucros é uma das oportunidades que os empresários procuram. Pode empregar tácticas diferentes se for proprietário de um negócio e desejar aumentar os seus ganhos.

Hoje em dia, as empresas multinacionais e empresas em linha empregam a externalização para maximizar as suas receitas. Como resultado das suas muitas vantagens que podem contribuir para o crescimento das receitas de uma empresa, a externalização está a ganhar popularidade como método de localização de empregados qualificados.

De muitas maneiras, a externalização pode ajudá-lo a atingir este objectivo. A externalização pode beneficiar a sua organização ao reduzir os seus salários e custos salariais. Quando pode reduzir o seu salário e pagar despesas, pode gerar uma oportunidade de melhorar os seus lucros.

Uma vez que o pessoal subcontratado tem taxas salariais inferiores às dos empregados normais, pode reduzir os seus salários e despesas de mão-de-obra através da subcontratação. Isto é realizável devido à diferença no custo de vida entre a empresa e o empregado subcontratado.

Quando contratar um empregado subcontratado, não precisa sequer de se preocupar com regalias e bónus. Os empregados regulares quererão benefícios tais como cobertura de seguro médico e dentário, para além de incentivos de 13 e 14 meses. Já não terá de se preocupar com tais circunstâncias quando contrata um empregado contratado externamente.

Outra forma de externalizar pode melhorar os lucros é através da redução das despesas de produção. Quando recrutar empregados regulares, estes consumirão água e electricidade. Um trabalhador contratado não irá contribuir para o aumento dos seus custos de serviços públicos.

Isto irá aumentar os custos mensais dos serviços públicos da sua empresa. Em contrapartida, um trabalhador subcontratado é responsável pelas suas despesas de serviços públicos. Eles são responsáveis pela compra e pagamento do seu computador e ligação à Internet.

Ao maximizar a produção, a externalização pode também apresentar uma oportunidade de aumentar os lucros. Ocasionalmente, a sua equipa é incapaz de satisfazer as necessidades dos seus clientes. Isto impede-o de expandir e aumentar as suas oportunidades geradoras de receitas. Pode utilizar a externalização para identificar os candidatos mais qualificados que possam satisfazer as necessidades dos seus clientes.

Através da externalização, todo o globo se torna o seu fornecimento de mão-de-obra. Não está restrito ao recurso humano local. A externalização pode fornecer-lhe muitas outras opções para aumentar os seus rendimentos. Deve visitar websites contendo esta informação para saber mais.

Não se limite a mão-de-obra local a preços exagerados; ao externalizar através de uma plataforma respeitável, muitos trabalhadores estrangeiros qualificados e brilhantes estão dispostos a juntar-se ao seu império empresarial.

Se souber onde encontrar estes indivíduos em linha, poderá poupar pelo menos 50% em comparação com as contratações locais tradicionais. Estas reduções de custos podem ser mais do que suficientes para o ajudar a expandir a sua empresa.

12. Escrever Postagens de Blogs Patrocinados.

Se tem estado a escrever em blogues, fá-lo porque está entusiasmado com o que está a escrever nos seus blogues. Quer partilhar a sua informação com o mundo. Pretende ganhar dinheiro com isso.

AdSense é a plataforma de publicidade mais popular entre os bloggers e editores de websites, uma vez que fornece publicidade relevante para o conteúdo de um blog ou website. As pessoas ganham uma tonelada de dinheiro através disto. Algumas pessoas ganham seis figuras utilizando AdSense; contudo, isto depende muito da popularidade do seu blogue e da sua capacidade de atrair tráfego dos motores de busca.

Para além do AdSense, existem algumas outras opções para rentabilizar o seu blog, tais como esquemas de afiliação, que pagam taxas generosas nas vendas e o levam a gerar para os anunciantes através do seu website. Portanto, se não estiver afiliado a nenhum website, perde uma tremenda possibilidade de ganhar dinheiro.

A escrita patrocinada está de facto a tornar-se cada vez mais popular entre os bloggers. A "escrita patrocinada" ganhou popularidade e tornou-se uma das favoritas entre a maioria dos blogueiros ao longo do último ano. Isto também é conhecido como "Blogging pago"; o que é o blogging pago?

Alguns websites ligam anunciantes e bloguistas, normalmente referidos como "sites de blogues pagos". Estes websites contêm muitos comerciantes que procuram alguém para escrever sobre os seus serviços, produtos, ou websites em troca de pagamento.

Por conseguinte, os bloguistas escreverão avaliações sobre eles, e se o sítio de blogues pago aprovar a sua peça, será compensado e obrigado a publicar a resenha no seu blogue.

Isto está a tornar-se cada vez mais popular porque estas avaliações não se parecem com anúncios, e os autores recebem muito dinheiro por isso. Alguns sítios pagam 100 dólares apenas por um post de apenas 400 palavras. A segunda razão é que os seus visitantes receberão informações sobre novos artigos e serviços.

Alguns sites permitem-lhe ser o mais crítico possível sobre os produtos do anunciante, enquanto que poucos sites o restringem a escrever apenas grandes coisas sobre o anunciante.

O montante que lhe será pago dependerá de variáveis como a classificação de páginas e tráfego do seu blogue. Portanto, maximize as suas receitas com a escrita patrocinada e junte-se ao maior número possível de sites de blogues pagos para expor o seu blogue ao maior número possível de anunciantes.

13. Programa de Treino Online.

Há tantas coisas que as pessoas têm de estudar hoje em dia para serem bem sucedidas na vida. Para melhorar os seus negócios, podem precisar de dominar a habilidade do marketing online, ou podem desejar inscrever-se em cursos de desenvolvimento da personalidade. A maioria destes indivíduos não tem tempo para frequentar aulas universitárias tradicionais, pelo que se inscrevem em programas de coaching online para obterem os conhecimentos necessários.

Como comerciante, não se pode dar ao luxo de perder esta oportunidade. Não só deve explorar a oferta de programas de coaching online para aumentar as suas receitas online, mas também deve considerar aumentar os seus encargos para aumentar os seus ganhos. Veja aqui como conseguir isso:

Estabeleça a sua autoridade online. Se ninguém o conhece ou confia em si, é impossível fazer uma transacção decente, quanto mais aumentar os seus preços. Por conseguinte, os visitantes em linha devem percebê-lo como uma autoridade na sua indústria escolhida.

Partilhe uma parte dos seus conhecimentos com estes indivíduos utilizando técnicas eficientes da Internet (blogging, publicação em fóruns, Webinars, marketing de artigos e publicação em ezine).

Assegure-se de que pode ajudar os potenciais clientes a resolver os seus problemas prementes ou capacitá-los a desempenhar de forma independente. Esta é a única forma de demonstrar o seu valor e adquirir a sua confiança.

Confira o concurso. Pode comparar os seus serviços com os dos seus rivais. Tem outros benefícios? Os seus artigos são mais úteis? Se acredita que os seus artigos são significativamente superiores aos dos seus concorrentes, pode aumentar os seus preços até 100 por cento. Não precisa de se concerne a perder clientes se conseguir convencê-los de que os seus produtos são mais valiosos do que os produtos equivalentes vendidos on-line.

Compreenda o seu mercado-alvo. Não pode aumentar os seus preços se o seu mercado-alvo mal consegue sobreviver. Antes de aumentar os seus preços e prever quanto os seus preços irão aumentar, deve compreender bem o poder de compra dos seus clientes. Determine quanto dinheiro ganha o seu mercado-alvo e como reagiriam se aumentasse o preço dos seus pacotes de coaching online através de pesquisa.

14. Marketing online.

Sabia que as empresas de marketing na Internet poderiam eliminar os seus problemas de fluxo de caixa? Comercializar o seu produto ou serviço ou comercializar um produto ou serviço para outros pode fornecer-lhe o dinheiro extra de que necessita num piscar de olhos. É verdade que dezenas de milhares de indivíduos o fazem todos os dias e se distinguem por isso.

Para além de promover um produto ou serviço através de um website, ganhar dinheiro online é vantajoso, uma vez que também pode chegar às pessoas através de meios sem fios e correio electrónico. Este pode ser o segundo trabalho ideal para si se tiver conhecimentos sobre design de websites e se gostar de vendas e marketing. Alguns indivíduos têm tanto sucesso nos seus esforços na Internet que não necessitam de emprego tradicional.

Mesmo que não seja um verdadeiro especialista nestas áreas, pode obter as ferramentas, bem como os recursos de que necessita para se actualizar se estiver genuinamente interessado em ganhar dinheiro online através da aquisição de formação. Se dedicar tempo ao estudo extensivo, muitas ferramentas e serviços gratuitos e fáceis de utilizar podem ajudá-lo no seu objectivo de segurança financeira.

Deve familiarizar-se com os muitos tipos de publicidade utilizados para atrair visitantes a um website. Isto pode tomar a forma de publicidade exposta utilizando banners ou anúncios num website para promover um produto ou serviço semelhante ao que está a comercializar. É uma estratégia amplamente utilizada para aumentar o conhecimento do consumidor sobre os seus bens, e a colocação de anúncios pode implicar uma taxa.

Os afiliados são outro método para a comercialização de artigos e serviços na Internet. Esta publicidade compensa um afiliado por cada visitante que traz para o website de outra empresa. Muitas empresas pagam uma taxa por cada consumidor que visita o seu website e muitas vezes pagam mais por aqueles que completam uma compra.

A utilização das redes sociais é hoje em dia uma técnica prevalecente de marketing na Internet. A utilização de um grupo de meios de comunicação social para publicidade num sítio web ou através de outros canais aumenta o número de cliques que de outra forma não ocorreriam. Os grupos de redes sociais têm, naturalmente, um volume substancial de tráfego orgânico.

O vídeo marketing é muito eficaz para gerar visitantes de sítios web. Isto implica desenvolver e organizar filmes para intrigar o espectador e encorajá-lo a visitar o sítio web e fazer uma compra.

Se isto lhe parecer apelativo, investigue que tipo de produto ou serviço gostaria de oferecer ou ajude a fazer publicidade para outros. Não é razoável esperar ficar rico da noite para o dia, mas com o nicho e formação adequados, o marketing online é uma forma fantástica de começar!

CAPÍTULO 5: COMO GANHAR $5.000 POR HORA E AUMENTAR O SEU FLUXO DE CAIXA.

O fluxo de caixa é o sangue vital essencial da sua empresa e das suas finanças pessoais, determinando se a sua empresa ou conta bancária irá sobreviver ou perecer. As empresas e indivíduos com um fluxo de caixa abundante e facilmente disponível têm mais probabilidades de sucesso em condições económicas difíceis e favoráveis.

Para que um negócio baseado em casa seja bem sucedido, gerar um fluxo constante de receitas deve ser um objectivo principal, para além do marketing. Na realidade, o fluxo de caixa é o único factor que dita todas as outras operações empresariais. Permite-lhe respirar, e a sua ausência irá sufocar a sua empresa ou conta bancária até à morte.

O fluxo de caixa permite-lhe fazer julgamentos razoáveis baseados em princípios empresariais intuitivos, em vez de decisões baseadas no seu nível de ansiedade financeira. Ajuda-o a estabelecer um bom crédito junto de credores e fornecedores e permite-lhe continuar a comprar marketing e publicidade para a sua empresa.

Publicidade e os recursos necessários para manter a sua empresa continuamente a comercializar e a impulsionar as vendas geradoras de caixa. Um fluxo de caixa abundante implica que as suas contas continuarão a ser pagas a tempo, a folha de pagamentos será cumprida se contratar alguém que não seja você mesmo, e o seu nível de stress diminuirá como resultado directo do sucesso da sua empresa.

Aumentar o seu fluxo de caixa a cada dia que opera um negócio domiciliário ou qualquer negócio é essencial para alcançar os resultados consistentes necessários para sobreviver no negócio e prosperar. Como pode, portanto, assegurar um fluxo de caixa contínuo e um crescimento consistente do fluxo de caixa ao longo do tempo?

Participar num negócio com um plano de compensação óptimo que gere um fluxo de caixa substancial com cada venda. Isto parece ser mais fácil de dizer do que de fazer, correcto? Incorrecto. Na maioria das vezes, os proprietários de empresas domiciliárias estão apenas a começar a saltar para um negócio que promete pagar generosamente.

Contudo, o volume de negócios necessário para criar os retornos anunciados é muitas vezes maior do que a maioria das pessoas consegue produzir. Com demasiada frequência, os indivíduos entram numa empresa que lhes exige que movimentem enormes quantidades de produtos ou prestem um serviço abundante para obterem retornos financeiros substanciais.

Vender ou promover um produto ou serviço que custe ao consumidor $20, $30, ou $40 ou mais, não ganha as mesmas comissões ou lucros que vender ou comercializar um produto ou serviço que custe ao consumidor $1.000, $5.000, ou $10.000 ou mais.

O argumento será sempre o de que estas coisas de preço mais elevado não venderão com tanta frequência. Discordo; se o produto melhorar a vida do consumidor e acrescentar valor, poderá ser comercializado e vendido, aumentando o fluxo de caixa.

Procure um produto ou serviço que não exija milhares de clientes para ser rentável e que não exija que trabalhe longas horas todos os dias. Como gerente de um restaurante, era obrigado a manter o restaurante aberto pelo menos 16 horas por dia, sete dias por semana, 52 semanas por ano, bem como a servir clientes que gastassem 10 a 20 dólares por pessoa para ganharem milhares de dólares em receitas semanais.

Contratei centenas de empregados para os restaurantes e precisava destas enormes estruturas para conduzir os negócios, um negócio com grandes despesas gerais. Ano após ano, isto foi exaustivo.

Vender um produto ou serviço que não exige que muitos consumidores produzam dezenas de milhares de dólares em vendas, faz mais sentido hoje em dia. O aumento do retorno do marketing e da publicidade reduz os custos gerais e elimina a necessidade de trabalhadores, aumentando o fluxo de caixa que permite a expansão do seu negócio.

Implementar sistemas automatizados. Com a tecnologia actual, pode aceder a sistemas que, uma vez instalados, praticamente gerem o seu negócio 24 horas por dia, 7 dias por semana, 365 dias por ano, mesmo enquanto dorme, acompanha os seus potenciais clientes e faz múltiplas transacções sem ter de "cuidar da caixa registadora", por assim dizer.

O acesso a estes sistemas e a integração do seu produto e serviço permitirá à sua empresa continuar a operar enquanto estiver de férias ou a tirar um dia de folga. Não precisa de estar fisicamente presente para fechar todas as vendas com os seus clientes.

A maioria das pessoas que trabalham a partir de casa necessita apenas de acesso à Internet, um computador, marketing, materiais publicitários, e um sistema de auto-resposta, após o que poderão deixar o sistema fazer o seu trabalho. Voila, à medida que as vendas aumentam, o fluxo de caixa aumenta!

Assegure-se de que é pago primeiro. Já o afirmei. Isto é essencial para o fluxo financeiro. Sem compensação pelo que se vende, gerir um negócio é inútil, porque não haveria fluxo de caixa.

Com a tecnologia actual, pode integrar sistemas de pagamento tais como PayPal, Alertpay, MoneyPak, e transacções com cartão de crédito/débito directamente num website e ser pago quase imediatamente por produtos e serviços sem ter de esperar por um cheque de uma empresa-mãe ou por fundos que se escorram do escritório de casa.

O pagamento instantâneo de bens e serviços tornou-se a norma na era digital. Não é preciso esperar pelo pagamento. Isto melhora a sua liquidez. Ao formar relações de joint venture com empresas compatíveis consigo e permitir um pagamento rápido, aumentará os seus rendimentos e diminuirá as suas despesas. Esta é uma situação vantajosa para todos.

Ao trabalhar a partir de casa ou ao criar um negócio domiciliário, experimentará uma diminuição das despesas empresariais e dos custos gerais e será capaz de operar mais eficientemente do que a maioria das grandes organizações. Não há necessidade de uma estrutura ou de um escritório.

Não há necessidade de pagar renda ou aluguer, não há necessidade de pagar prémios de seguro exorbitantes, e ao verificar as suas apólices de seguro, planos telefónicos, e planos de saúde, especialmente se não o tem feito no passado recente, encontrará poupanças extra que ajudarão a aumentar o seu fluxo de caixa.

Encontrar formas mais rentáveis de operar a sua empresa irá aparar a gordura aqui e ali. Pode melhorar significativamente o seu fluxo de caixa e lucrar dólares, aumentando o capital disponível do seu negócio.

Ofereça bens e serviços digitais. Na era da tecnologia/informação, um produto digital é rápida e facilmente distribuído, e pode gerar lucro instantaneamente. Eliminar o adágio de material de stock, fornecimentos de produtos e inventário que se encontra nas prateleiras à espera de venda ou que é utilizado para criar ou construir qualquer coisa que bloqueie reservas financeiras importantes influenciará significativamente o fluxo de caixa.

A venda de um produto ou serviço digital é uma forma de gerar dinheiro rápido. Elimina a necessidade de inventário físico que não vende, a menos que o manuseie, o embale e o mova para outro local a um custo para o fluxo de caixa. Além disso, liberta preciosos activos monetários líquidos para usos alternativos.

Siga a regra 80/20. A regra 80/20 sugere que apenas 20% das suas perspectivas e clientes são responsáveis por 80% do seu lucro. (ou, no caso de uma organização baseada em serviços, esforços). Os 20% da sua base de consumidores que adquirem o que estão a vender servirão como um grupo focal para futuros artigos e serviços.

Porquê envolver-se num negócio ou oportunidade em casa que exige que descubra milhares de potenciais compradores para ganhar o mesmo nível de fluxo de caixa se apenas necessita de alguns clientes para gerar um rendimento e fluxo de caixa significativos?

Determine quais das suas actividades ou itens são os mais lucrativos e produtivos, e concentre todos os seus esforços de marketing e publicidade naqueles. Ao fazê-lo, não notará que as suas vendas continuam a disparar ao longo do tempo, levando a que o salário por hora elusivo de 5.000 dólares!

CAPÍTULO 6: TRANSFORMAR FLUXO DE CAIXA NEGATIVO EM FLUXO DE CAIXA POSITIVO.

Aqui estão algumas sugestões para gerir os seus custos a fim de o ajudar a atingir os seus objectivos financeiros:

Examine as 10 principais despesas mensais do seu orçamento; há quase sempre pelo menos um ou dois itens que poderia dispensar, permitindo-lhe ter mais dinheiro no final de cada mês.

Agora é o momento de eliminar os seus maus comportamentos.

Se fumar, este será o hábito mais difícil de quebrar. Fumar em primeira e segunda mão é prejudicial para o fumador e para aqueles que o rodeiam. Já para não falar do aumento da tributação do tabaco.

Crie e adira a um orçamento. Um orçamento permite-lhe avaliar as suas receitas e despesas mensais e decidir as necessidades em função dos desejos.

Viver dentro dos seus meios financeiros. Se gastar cada dólar que ganha no final de cada mês, não terá capital de investimento. Isto é senso comum.

Mantenha um orçamento e organize as suas finanças. Seja parcimonioso. Adquira apenas o que é acessível e necessário. Não se vista para impressionar os seus adversários.

Aumente as franquias na sua casa, automóvel, e outras apólices de seguro para reduzir os seus preços.

Se estiver a pagar o seguro de hipoteca, pague a sua hipoteca o mais rapidamente possível. O credor da hipoteca está protegido pelo seguro, não você ou a sua família.

Reponha as suas dívidas incobráveis.

Utilize estes métodos para aumentar as suas receitas.

Coisas que já não necessita. Venda quaisquer artigos não utilizados que tenha à volta da sua casa. Use Craigslist ou tenha uma venda de garagem para vender os artigos.

Alugue o seu quarto de hóspedes. Em websites como o Airbnb, milhões de proprietários de habitações alugam agora quartos ou pisos das suas actuais residências por breves períodos.

Alugue o seu carro. Sítios como Uber e Turo permitem-lhe alugar os outros lugares no seu carro - ou o veículo inteiro, se for arrojado!

Utilize os seus talentos e o seu tempo. Ainda assim, tem outro tempo depois de vender os seus bens? Utilize as suas capacidades profissionais ou interesses pessoais para gerar rendimentos adicionais durante o seu tempo livre, noites, e fins de semana. Se gosta de fazer produtos feitos à mão, pode vendê-los em Etsy.

Os frutos da sua árvore podem ser vendidos no mercado local do agricultor. Muitas casas no Hawaii têm árvores de fruto nos seus quintais. Tem uma receita particularmente popular? Venda-a nos mercados de agricultores da vizinhança.

Também pode ganhar dinheiro extra cozinhando, limpando, observando crianças, ou passeando cães. As possibilidades são ilimitadas. Pode anunciar os seus serviços em websites como o TaskRabbit. Pode também inscrever-se na Amazon's Mechanical Turks, onde pode realizar pequenas tarefas por um preço.

CAPÍTULO 7: RESOLUÇÕES PARA MELHORAR IMEDIATAMENTE O SEU FLUXO DE CAIXA.

Melhorar o seu fluxo de caixa e reduzir a dívida são objectivos vitais para qualquer pessoa, e pretendo ajudá-lo a atingir estes objectivos em nove fases simples.

1. Plano para o futuro:

Tendo trabalhado na indústria alimentar e analisado as estatísticas de vendas, sei que os preços das lojas de conveniência são 20% a 30% mais caros do que os custos das mercearias. O que tem isto a ver com a melhoria do fluxo de caixa?

Se agendar as suas compras na mercearia com antecedência, poderá poupar mais 20 a 30%. O mesmo se aplica a praticamente tudo, incluindo assinaturas de revistas, artigos domésticos, e outros artigos de uso corrente.

2. Refinance Your Home Loan:

Quando refinancia a sua hipoteca residencial, pode substituir a sua hipoteca existente por uma nova primeira hipoteca. Se pudesse fixar uma taxa de juro mais baixa do que a que tem actualmente, as poupanças poderiam ser substanciais.

Quão vasta?

Se converter uma hipoteca fixa de $150.000, 30 anos a 8,5 por cento, para um empréstimo de $150.000, 30 anos a 7 por cento, o seu pagamento mensal da hipoteca diminuirá em $155. Poupará mais de $40.000 em pagamentos de juros em quase todo o período de duração do empréstimo. Acabou de aumentar o seu fluxo de caixa mensal e poupou mais de $40.000. Esta é uma abordagem prudente às finanças!

3. Utilize a equidade da sua casa para reduzir outras dívidas:

Se tiver um montante substancial de home equity e uma montanha de dívidas de cartão de crédito, faria o maior sentido contrair um empréstimo de home equity e pagar os seus cartões de crédito.

Terá de pagar os custos de fecho e outras despesas antecipadamente, mas as poupanças resultantes de pagamentos mensais reduzidos podem ter um impacto substancial no seu fluxo de caixa mensal.

É um procedimento simples; basta efectuar um refinanciamento de levantamento de dinheiro. Isto implica a obtenção de uma nova primeira hipoteca com um saldo maior do que a sua hipoteca actual. A diferença é que a quantia de dinheiro que "tirou" da casa, colocou-a no seu bolso, e, idealmente, aplicou-a nas suas outras contas.

Em vez de obter uma nova hipoteca, pode escolher um empréstimo para a aquisição de uma casa. As taxas são tipicamente mais baratas do que as taxas hipotecárias normais, e pode não haver taxas ou taxas mínimas associadas à obtenção do empréstimo.

No entanto, existe uma excepção: as taxas de hipoteca são frequentemente variáveis, pelo que poderão aumentar se a Reserva Federal decidir aumentar a taxa principal (e uma série de outros factores). Um empréstimo para aquisição de habitação pode ser preferível a uma primeira hipoteca normal se não for necessário um montante substancial em dinheiro e se se planear pagar o empréstimo dentro de três a cinco anos.

4. Faça compras em redor para um seguro menos dispendioso:

Quando foi a última vez que procurou por uma apólice de seguro? Se comprou uma apólice de seguro residencial há vinte anos ou uma apólice de seguro automóvel há muitos anos, pode desejar comparar os preços actuais.

Possivelmente, agora é elegível para uma taxa preferencial, ou pode minimizar a quantidade de cobertura de que necessita. A ideia é obter uma cobertura de seguro adequada sem pagar mais do que o necessário.

5. Corte as suas despesas:

Está actualmente a considerar algo desagradável, mas não se preocupe com isso. Que tal aumentar os meus rendimentos em vez de reduzir as minhas despesas? Diminuir as suas despesas é muito mais simples (e mais rápido) do que aumentar as suas receitas. Pode fazer milhares de pequenas acções para reduzir os seus custos semanais e mensais.

Algumas medidas de redução de custos são mais simples de adoptar do que outras, mas uma vez implementadas, já não precisa de as considerar. Produzi um ensaio intitulado "Vivendo Abaixo dos Seus Meios" que detalhava diferentes estratégias de redução de custos, mas aqui estão as mais importantes:

Métodos Simples para Reduzir Despesas.

Não fume, reduza a sua ingestão de álcool, cancele as suas assinaturas de revistas não utilizadas, recuse a utilização de caixas multibanco com cobrança de taxas, compre a granel sempre que possível, salte o mocha lattes de dose dupla todos os dias, traga o seu almoço para o trabalho e cancele a sua inscrição no ginásio se não o estiver a utilizar. Estas são apenas algumas ideias.

O objectivo é determinar para onde vai o seu dinheiro e considerar estratégias para reduzir as suas despesas.

6. Coma Menos Frequentemente:

Isto pode ter sido facilmente incluído na categoria de redução de despesas acima referida, mas merece o seu próprio "número". Gastamos significativamente mais em alimentos e bebidas do que imaginamos. É preciso aprender a cozinhar, utilizar as sobras e comer fora com menos frequência. Esta última pode ser uma poupança de dinheiro significativa.

Aqui estão algumas outras estratégias quando jantamos fora:

- O vinho não deve ser encomendado ao jantar. Beber água. Isto poupou-me verdadeiramente perto de $1,000 num ano. Leu isso correctamente; só consumo dois copos de vinho com o jantar. Não segui a regra de jantar fora menos vezes porque, na altura, não era casado.

Recomendo saltar a sobremesa e o café quando janto fora e como em casa em vez de pagar 3,50 dólares por uma fatia de bolo de cenoura quando se pode comprar um bolo inteiro por menos na mercearia. O café custar-lhe-á alguns cêntimos. No entanto, o cappuccino custar-lhe-á $3.

- Jantar fora é muitas vezes uma ocasião social que inclui o seu outro, família, e amigos significativos.

Merece trabalho adicional. Se está habituado a jantar fora com amigos, porque não comer "fora" em casa de amigos em vez de ir a um restaurante?

7. Verifique novamente o seu formulário W2:

Por volta de Março ou Abril de cada ano, fica a saber se irá receber uma restituição de impostos. Se receber uma grande restituição anual de impostos do Tio Sam, poderá ser porque lhe pagou em excesso. Sem dúvida que anteriormente se sentiu assim depois de verificar o seu recibo de pagamento, mas estou a referir-me ao pagamento de impostos excessivos.

Aumentar as suas deduções permitidas significará que mais dinheiro lhe vai para cada cheque de pagamento, não para o Tio Sam. Verifique com o seu contabilista que está a reclamar o número adequado de deduções. Caso contrário, contacte imediatamente o seu departamento de benefícios sobre a correcção do seu formulário W2.

8. Complete o seu Fundo de Emergência:

Ok, então este truque não vai aumentar o seu fluxo de caixa instantaneamente, mas vai poupar-lhe muitos dólares em juros ao longo do tempo. A chave para estar à frente das suas finanças é planear tudo, mas todos sabemos que despesas imprevistas podem fazer descarrilar até os orçamentos mais meticulosamente preparados.

Se estiver envolvido num acidente com um veículo ou precisar de reparar uma caldeira antiga, pode incorrer em custos não totalmente cobertos pelo seguro. Se não tiver um fundo de emergência, esta despesa será provavelmente debitada no seu cartão de crédito, o que poderá incorrer em taxas de juros substanciais.

Comece imediatamente a poupar dinheiro para um fundo de emergência e utilize o fundo apenas para situações reais.

9. Parar a compra a crédito:

O maior é guardado para o fim. Este é outro que não vai melhorar o seu fluxo de caixa imediatamente, mas eliminar o hábito de comprar tudo com um cartão de crédito é essencial para alcançar a independência financeira. Como cultura, estamos inundados de dívidas. Adoramos a compra a crédito, e a frase "Pagamentos Mensais Baixos e Fáceis" é como um narcótico viciante.

Enquanto a vontade de comprar a crédito é aliciante, é suicídio financeiro comprar tudo a crédito. Deve desenvolver a prática de pagar mensalmente os seus cartões de crédito. Se estiver a utilizar um cartão para uma compra significativa como férias ou um novo computador, decida pagá-lo num prazo máximo de três meses.

Se não o puder fazer, deve começar a reservar fundos para as grandes despesas previstas. Isto requer planeamento para quaisquer grandes despesas.

Suponha que ainda tem problemas em pagar novas despesas na totalidade todos os meses. Nesse caso, a maior recomendação que lhe posso dar é começar a utilizar um cartão de débito que retire automaticamente o dinheiro da sua conta corrente ou poupança.

Portanto, não pode levar a coisa para casa se não tiver o dinheiro. Aprender como adiar a gratificação será difícil no início, mas leva a recompensas a longo prazo, tais como independência financeira. A decisão de assumir o controlo das suas finanças ou de permitir que elas o dominem é exclusivamente sua.

Por conseguinte, existem nove técnicas para aumentar o seu fluxo de caixa mensal. Há muitas mais formas de aumentar o seu fluxo de rendimentos, mas estas ajudá-lo-ão a começar.

CAPÍTULO 8: EVITAR ERROS COMUNS DE GESTÃO DO FLUXO DE CAIXA.

O trabalho com pequenas empresas nas últimas duas décadas tem produzido algumas experiências fascinantes. Os erros de gestão do fluxo de caixa cometidos pelos proprietários de empresas são uma das ocorrências mais típicas.

Pode-se acreditar que apenas proprietários de empresas inexperientes têm experiências de quase morte com as suas empresas. Ainda assim, tenho lidado com alguns empresários muito inteligentes e experientes que cometeram os mesmos erros.

Muitos dos erros que cometemos com o nosso fluxo financeiro na nossa vida pessoal e profissional têm mais a ver com a forma como SENTEMOS sobre o dinheiro do que com a forma como PENSAMOS sobre o dinheiro.

Não recuem; continuem a ler! Vai começar a sorrir e a acenar com a cabeça porque tenho a certeza de que já cometeu pelo menos um destes erros, independentemente de quão lógico e confortável acredita estar com dinheiro.

1. Gastos de Impulso.

Existem grandes variedades de despesas impulsivas. Aquele evento em rede que está a apoiar, a mesa da feira de negócios que apanhou no último minuto, ou o PC de escritório que acabou de adquirir. Estes três bens parecem ser aquisições necessárias no decurso normal dos negócios, correcto?

Em geral, sim, mas vamos examinar a compra de computadores. Está a perguntar como é que um computador pode ser uma compra impulsiva quando precisa dele para gerir o seu negócio; o anterior acabou de se avariar. Deve haver um orçamento e uma estratégia de substituição para todo o equipamento de missão crítica na sua empresa. De facto, esta frase é a razão pela qual é uma compra impulsiva.

2. Pagar as suas contas com base no seu saldo bancário

Este é o meu erro favorito. Anis é certamente o mais prevalecente entre as empresas com problemas de fluxo de caixa. Da mesma forma, isto está directamente relacionado com despesas impulsivas. Tipicamente, a roda com o ruído mais alto recebe a inspecção.

Tem alguém no seu escritório ou ao telefone a exigir pagamento, por isso, em vez de arriscar um confronto, declara: "Não, não posso cortar um cheque agora, mas posso arranjar-lhe um cheque na quinta-feira", por exemplo, entra no seu banco online para verificar se tem fundos suficientes e passar o cheque.

Acaba de demonstrar à outra parte que está pessoalmente disposto a dar prioridade às suas exigências antes das suas próprias. Isto é pior do que não pagar ao vendedor no dia devido. Considere quão prejudicial isto pode ser para a sua relação no grande esquema de coisas.

3. Extensão do crédito a clientes que não são dignos de crédito.

Quando decide dar crédito aos seus consumidores, está a emprestar-lhes dinheiro. Solicite aos seus clientes que apresentem um pedido de crédito e inclua referências comerciais e bancárias. Ligue para estas referências para saber quanto crédito tiveram com os fornecedores.

Saber quanto crédito desejam adquirir junto de si é essencial e se já receberam montantes semelhantes em boa situação é essencial. Se vender um artigo caro, não deve ter relutância em solicitar demonstrações financeiras.

4. Permitir que as suas contas a receber envelheçam é o quarto erro.

Já creditou os seus clientes e deve agora cobrar as facturas pendentes. Tem muitas desculpas para não cobrar o dinheiro em dívida. Está ocupado, não quer ser um incómodo, e não quer comprometer o próximo grande negócio do seu cliente. Todas estas razões ou desculpas são excelentes formas de gerir mal as suas finanças.

Assegure-se de que tem um sistema fiável para o ajudar na recolha de pagamentos dos seus consumidores e para os ajudar a manter-se actualizados consigo. É tão importante manter as cobranças actuais como enviar as coisas a tempo e horas. Permitir que os seus consumidores lhe paguem com atraso ensina-lhes repetidamente que o pagamento imediato não é importante.

5. Pagar aos seus vendedores prematuramente.

Pretende cultivar fortes ligações com os seus vendedores, mas só deve pagá-las antecipadamente quando receber um desconto. Deve considerar as vantagens e inconvenientes para determinar se o desconto vale a pena dividir-se com dinheiro mais cedo do que o necessário. A manutenção de um saldo de caixa constante e o pagamento das suas facturas a tempo terá benefícios a longo prazo para a sua empresa, especialmente à medida que esta cresce.

6. Inventários e suprimentos.

Quando a mercadoria está na prateleira e o dinheiro já não está disponível para outros esforços, os descontos incrementais em encomendas a granel perdem o seu valor. Por outras palavras, acredita que está a diminuir o seu custo unitário e a aumentar os seus ganhos brutos. No entanto, não pode agir tão rapidamente em relação a outras oportunidades, uma vez que já se comprometeram fundos.

Deve determinar se as pequenas poupanças resultantes da compra a granel valem o tempo em que o inventário se encontra na prateleira. Um inventário não acumula juros; normalmente desvaloriza-se com o tempo.

7. Não controlar as despesas salariais.

É extremamente simples permitir que os dias se prolonguem e que a folha de pagamentos aumente gradualmente. Um planeamento insuficiente e a falta de direcção contribuem para o aumento dos custos salariais. Quanto tempo leva a sua tripulação a reagrupar-se sempre que um novo incêndio deflagra?

Um contacto com o cliente sobre uma encomenda tardia, na qual todos se lançam para fazer o cliente feliz, é significativamente mais caro do que preparar e cumprir um horário de trabalho. Ter critérios e uma "regra de ouro" para o tempo que uma tarefa deve demorar pode ajudar a manter os custos salariais constantes.

CONCLUSÃO.

Encontrará inevitavelmente o dilema de como aumentar o seu fluxo de caixa em algum momento da sua vida. Certas acções devem ser tomadas para maximizar a eficácia dos seus esforços se tiver uma necessidade imediata de dinheiro.

Evite tomar decisões por desespero como primeira regra. Quando faz julgamentos precipitados, pode acabar por sacrificar os seus objectivos a longo prazo por recompensas a curto prazo, apenas para se encontrar no mesmo cenário que estava a tentar evitar.

Agora que já percebeu que precisa de gerar dinheiro rapidamente, tem duas possibilidades. A primeira opção é aceitar uma posição de baixo pagamento mas estável, enquanto a segunda opção é comprar um sistema de Internet que promete riqueza dentro de dias ou horas.

A escolha que fizer determinará se será uma pedra rolante para o resto da sua vida, perseguindo constantemente negócios ou se alcançará independência financeira. O caminho para a realização requer paciência e capacidade de tomar e viver com decisões difíceis.

Antes de se juntar ao comboio em linha na esperança de se tornar rico, deve avaliar as suas probabilidades. 95% dos indivíduos que escolhem este caminho nunca obtêm lucro.

Para além de comprar o produto de informação mais recente, deve ter um plano bem pensado se desejar juntar-se aos 5% de topo. Se já comprou itens de fluxo de caixa no passado, está ciente de que o tempo de gestação é frequentemente longo e que o vendedor é a única pessoa que alguma vez lucrou.

Nesta altura da sua vida, o trabalho de 9 a 5 é preferível a experimentar a sua mão online. Deve simplesmente começar a trabalhar e fazer as tarefas necessárias rapidamente. Isto dar-lhe-á o espaço de manobra necessário para planear o futuro. Raramente uma carreira proporciona independência financeira, mas uma pessoa enterrada em dívidas não consegue pensar. Enquanto ainda estiver empregado, deve poupar para manter vivos os seus objectivos de independência financeira.

Pode entrar na lagoa online quando o lobo já não está à porta. Comece por estudar estratégias para melhorar o fluxo de caixa sem incorrer em mais custos. Assim, ganhará experiência útil quando trabalhar em linha a tempo inteiro.

Dependendo das suas capacidades, experiências e preferências, muitas oportunidades são acessíveis. Encontre algo agradável para fazer inicialmente. Assim que o seu fluxo de caixa melhorar, poderá começar a comprar coisas na Internet.

Habilidades de Gestão para Gestores.

1. Gestão do Tempo para Gestores
2. Coaching de Gestores para Empregados
3. Formação de Equipas para Gestores
4. Autoconfiança para os Gestores
5. Habilidades de Negociação para Gestores
6. Habilidades de Serviço ao Cliente para Gestores
7. Assertividade para os Gestores
8. Etiqueta Empresarial para Gestores
9. Habilidades de Audição para Gestores
10. Habilidades de Liderança para Gestores
11. Habilidades de Comunicação para Gestores
12. Habilidades de Apresentação para Gestores
13. Gestão de Stress para Gestores
14. Tomada de decisões para os Gestores
15. Gestão de Conflitos para Gestores.

Série: Liberdade financeira em qualquer idade.

- Alcançar a liberdade financeira na casa dos 20
- Alcançar a liberdade financeira na casa dos 30
- Alcançar a liberdade financeira na casa dos 40
- Alcançar a liberdade financeira na casa dos 50
- Alcançar a liberdade financeira na década de 60
- Alcançar a Liberdade Financeira na década de 70 e mais além.
- Alcançar a Liberdade Financeira nas crianças
- Alcançar a liberdade financeira nos adolescentes
- Alcançar a Liberdade Financeira nos estudantes universitários.

- Esquemas financeiros a ter em conta na reforma.

Série: Finanças pessoais para si.
- Compra e Venda de Cripto para Principiantes
- Porque Investir em Acções de Dividendos Faz Sentido.

Série: Riqueza 2022.

- Empreendedorismo Online.
- Iniciar o seu próprio negócio
- Gestão da Riqueza
- Rendimento Passivo.
- 12 Passos para iniciar o seu próprio negócio.

Série: Excelente Serviço ao Cliente.
- Excelente serviço ao cliente no retalho
- Excelente Serviço ao Cliente em Fast Food
- Excelente serviço ao cliente no Restaurante Full-Service
- Excelente Serviço ao Cliente no Ensino.
- Excelente Serviço de Apoio ao Cliente em Imobiliário
- Excelente serviço ao cliente num Call Center

- Excelente Serviço de Atendimento ao Cliente como Recepcionista
- Excelente Serviço de Atendimento ao Cliente num Hotel
- Excelente Serviço ao Cliente na Venda
- Excelente serviço ao cliente Não importa a situação.
- Excelente Serviço ao Cliente no Consultório Dentário
- Excelente Serviço ao Cliente no Consultório Médico.

Série: Dinheiro rápido.

- Dinheiro rápido numa semana
- Dinheiro rápido num fim-de-semana
- Dinheiro rápido num mês
- Dinheiro rápido para estudantes.

Série: Como Promover.

- Como promover o seu livro de receitas
- Como promover o seu livro infantil.

Outros livros de D.K. Hawkins.

- Como fazer o seu negócio prosperar durante uma recessão
- Criação de Valor Excedente para os Clientes
- Reconhecimento de oportunidades para aumentar o fluxo de caixa.

Autor Bio

D.K. Hawkins. D.K. gosta de ler livros pessoais de negócios, bem como de passar tempo ao ar livre. Mais livros virão nesta colecção, por isso, por favor siga na Amazon para mais livros.

Obrigado pela sua compra deste livro.

Sinceramente, aprecio-o e aprecio-o a si, meu excelente cliente.

Deus vos abençoe.

D.K. Hawkins.

www.ingramcontent.com/pod-product-compliance
Lightning Source LLC
Chambersburg PA
CBHW070235220526
45465CB00004B/1432